AF339739

LES

ÉLECTIONS DE 1869

LES
ÉLECTIONS DE 1869

PAR

ÉMILE COUTELEAU

(D'Argenton-l'Église)

Mon pays, ma raison et ma conscience.

E. C.

PARIS

E. DENTU, LIBRAIRE-ÉDITEUR

GALERIE D'ORLÉANS, PALAIS-ROYAL

—

1869

LES ÉLECTIONS DE 1869

Mon pays, ma raison et ma conscience.

E. C.

Bientôt, la France va être appelée à élire ses Représentants. Comme à cette élection se rattachent les intérêts les plus graves, non-seulement pour les particuliers, mais encore pour la nation tout entière, je ne crois pas que jamais on puisse faire trop de lumière autour d'un pareil sujet, ni qu'aucun de ceux qui savent penser, et qui sont jaloux des progrès de la civilisation et de la prospérité du peuple, puisse rester indifférent à une aussi importante question.

Les hommes ne valent que par leurs actes, c'est-à-dire par leurs sentiments, par leurs idées mises en pratique. Aimer l'honnête, le vrai; vouloir le bien, ne suffit pas; il faut encore s'efforcer de faire briller l'un et de réaliser l'autre.

C'est donc uniquement sur le fond de cet écrit que j'appelle toute l'attention du lecteur, le priant, du reste, de ne point se laisser arrêter par l'obscurité du nom dont il est signé.

Que si quelqu'un m'objectait que ces réflexions sont trop élevées et ressemblent à des rêves généreux, mais d'une réalisation difficile et touchant de près à des illusions, je répondrais que ce n'est pas, à mon avis du moins, par le terre-à-terre des théories que nous monterons dans la pratique, et que, quoi qu'on en dise, le meilleur moyen de nous élever, c'est encore de viser haut.

Je diviserai ce travail en trois parties principales. Dans la première, j'examinerai la situation du gouvernement par rapport à la nation et aux différents partis politiques; dans la seconde, je parlerai du Corps législatif, des candidatures et des qualités que les électeurs doivent chercher dans leurs députés; enfin, dans la troisième partie, prenant la parole en mon propre nom, je m'adresserai plus particulièrement à mes compatriotes de l'arrondissement de Bressuire.

I

LE GOUVERNEMENT ET LE PEUPLE

Les choses ont bien changé depuis le jour où Louis XIV, botté, éperonné, un fouet de chasse à la main, pouvait dire, dans sa jeune omnipotence : « *L'État, c'est moi!* » et où nos bons rois, regardant la France comme leur chose privée, la traitaient à peu près comme un propriétaire capricieux fait de son domaine.

Aujourd'hui, grâce aux bienfaits d'une révolution à la gloire de laquelle il n'a manqué que d'avoir épargné le sang de ses victimes, il est un principe reconnu et accepté de la façon la plus incontestable et la plus incontestée : c'est que tout peuple civilisé a le droit de choisir sa forme de gouvernement et de donner le pouvoir à qui boñ lui semble. Dès lors, ce n'est plus la nation qui relève du souverain, mais bien le souverain qui relève de la nation, puisque c'est elle qui lui confère ses droits, qui lui délègue son autorité.

Depuis 89, on ne peut nier que la France n'ait largement usé, abusé même de cette toute-puissance. Prenant la place de Celui dont Bossuet disait : « *qu'il élève et abaisse les trônes, et donne, quand il lui plaît, de grandes et terribles leçons,* » elle a fait et défait les rois, ici offrant ou accordant la couronne, là renversant le trône, brisant le sceptre, et le lendemain envoyant en exil ceux qu'elle avait appelés la veille.

Or, qu'a recueilli le pays de tous ces changements, de tous ces bouleversements? Notre territoire envahi par l'ennemi, notre capitale pillée, rançonnée, notre influence à l'extérieur un moment anéantie, puis considérablement diminuée : tels ont été les moindres fléaux de ces révolutions continuelles; car je déplore bien davantage, pour ma part, le ralentissement des affaires, les discordes civiles, l'acharnement des partis, l'affaiblissement de la foi publique, et cet état de marasme, de malaise et d'inquiétude qu'enfantent toujours la méfiance du présent et l'incertitude de l'avenir.

N'est-ce pas, du reste, parce qu'elle était lasse de toutes ces secousses, harcelée par tous ces tiraillements, désabusée par les vaines promesses d'une république rendue impossible, alarmée par les appétits d'une populace sans frein, et comme épouvantée par les menaces sans cesse croissantes du socialisme, que la France s'est jetée, éperdue et comme inspirée, sous la protection de l'Empire, ainsi que dans les bras d'un sauveur? Car, on aura beau dire sur le coup d'État du 2 décembre, je ne suis de l'avis ni des apologistes ni des adversaires de cette grande mesure, qui sauva le pays, disent les uns, tua la sainte liberté, s'écrient les autres ; et, qu'on doive louer ou blâmer, c'est bien moins à Napoléon III que je ferais remonter l'éloge ou le blâme qu'au peuple français lui-même.

Qui fera jamais croire, en effet, que ces huit millions de suffrages qui ont constitué l'Empire, n'ont pas été le résultat spontané de la volonté nationale, et qu'un seul homme, mettant ainsi le pied sur la gorge de tout un peuple, ait pu l'asservir à sa dictature ? Non, cela n'est pas ; affirmer le contraire serait non-seulement fausser l'histoire, mais encore mentir au bon sens. Le Président de la République avait le droit d'en appeler au peuple, son juge suprême ; et c'est bien ce même peuple, dans toute la liberté de son vote, quoi qu'on en dise, ce même peuple français, seul, qui a prononcé la déchéance de la République et proclamé l'Empire. La part qui en revient à Napoléon III, c'est d'avoir compris la situation de la France, connu ses besoins, pressenti ses aspirations ; d'avoir été l'interprète, en un mot, de sa pensée la plus intime ; aussi, bon gré mal gré, sommes-nous obligés de reconnaître qu'il n'a dû son succès qu'à la plus clair-voyante perspicacité, aidée du plus mâle courage.

La nation avait-elle le droit d'en agir ainsi ? Évidemment oui ; et voilà pourquoi tant de citoyens, après avoir voté contre l'Empire, se sont ralliés à lui franchement, sincèrement, comme demain ils se rallieraient à une autre forme de gouvernement, si la volonté du pays, la seule souveraine, en pareille circonstance, leur en faisait un devoir. Je suis de ceux-là et je le déclare ouvertement.

Mais que s'est-il passé depuis, et que se passe-t-il

encore? Ceux-là mêmes qui avaient proclamé si haut la souveraineté du peuple, ont-ils respecté cette même souveraineté, lorsqu'elle s'est prononcée d'une façon si décisive, si impérative, dans son vote des 20 et 21 décembre 1851? La respectent-ils encore, cette même souveraineté? Hélas! on peut bien dire que ses plus grands apologistes sont devenus ses plus implacables adversaires. Les questions les plus nettement résolues sont remises à l'ordre du jour, et on ne cherche qu'à renverser, qu'à détruire ce qui a été établi par la volonté du peuple.

Mais alors que voulez-vous, Messieurs les agitateurs, — car je ne puis plus vous donner que ce nom? — Voulez-vous donc, *brûlant aujourd'hui* ce que *vous adoriez hier*, adorant demain quelque nouveau dieu que d'autres brûleront ensuite, nous faire tourner perpétuellement dans un cercle où les troubles succèderont aux troubles, les révolutions aux révolutions, le sang au sang, et les ruines aux ruines? Trop faibles et impuissants que vous êtes isolément, vous vous réunissez, adversaires de la veille qui seriez les ennemis acharnés du lendemain, et sur votre drapeau bigarré, ou plutôt taché de toutes les couleurs, vous inscrivez un mot qui, jusqu'à présent, n'a désigné que les ennemis de la France : vous vous appelez *la coalition*! Tenez, vous ressemblez à des enfants terribles qui, échappés des quatre coins d'une ville, s'assembleraient dans la campagne, au pied d'un bel arbre, d'un cerisier, par exemple. Les fruits vermeils les tentent; mais, trop faibles séparément pour les atteindre, ils joignent leurs efforts et ébranlent le tronc. O joie! l'arbre est à bas. Mais, à qui les cerises maintenant? Pour en décider, on crie, on tapage, on en vient aux coups; les casquettes volent, les poings fonctionnent, les branches sont brisées, les fruits foulés aux pieds, lorsque tout à coup arrive un nouveau larron qui, plus fort que les autres, disperse la gent belliqueuse et reste maître du champ de bataille et du butin. Ah! si vous n'étiez ainsi que ridicules, on se contenterait de lever les épaules et on prendrait en pitié vos turbulentes équipées; mais, quand je vous vois, légitimistes, orléanistes et prétendus républicains, jeter au milieu de nous vos brandons de discorde, répandre de tous côtés la division, ébranler l'édifice social, faire trembler les uns, exciter les autres, dissiper en pure perte tant de forces, tant d'énergies qui pourraient si bien contribuer à la prospérité publique, et chercher à introduire dans notre grande France nationale autant de petites Frances anarchiques, qui la tiraillent en tous sens, détruisent son bien-être à l'intérieur et compromettent sa prépondérance au dehors, ah! tenez, au nom de tout ce qui aime la paix, l'ordre, le travail et le bien-être des classes populaires, je vous maudirais presque, parce que je ne vois plus en vous que des ennemis de mon pays, que des traîtres à la patrie!...

Vous voudriez une révolution, et votre triomphe serait de détruire le pouvoir actuel. Eh bien, soit! Mais quel lendemain nous promettez-vous? Serait-ce celui de l'Espagne, par exemple? Le ciel nous en garde! et nous avons-là, sous les yeux, une grande leçon. Serait-ce la légitimité qui, sous votre patronage, aspirerait au trône? Mais vous savez, comme moi, que c'est là tout un ordre de choses à jamais disparu, et que les baïonnettes étrangères elles-mêmes seraient impuissantes à nous l'imposer de nouveau. Serait-ce la branche cadette? Mais pensez-y donc : il y a vingt et un ans à peine que les Français l'ont expulsée, aux applaudissements des vôtres, sinon à leur

instigation ; serait-ce pour avoir le plaisir de la rappe-
ler? Reste donc la République. Ah ! de grâce, ne profa-
nons point ce mot et toutes les nobles idées qu'il renferme,
la chose publique. Quand je considère les merveilles de toute
sorte qui se sont accomplies dans l'antiquité sous cette
forme de gouvernement à jamais admirable, — mais plus
admirable encore, si elle n'eût laissé subsister l'esclavage
à côté d'elle, — moi aussi, autant que vous, plus que vous
peut-être, je me prends à aimer ce beau nom de liberté,
ce règne de l'égalité, ce triomphe de l'humaine fraternité,
et j'envie pour notre pays toutes ces grandes et saintes
choses. Mais, voyons, soyons sincères : si *pour faire un
civet il faut un lièvre,* pour faire une république ne faut-il
pas des républicains? Or, où sont, parmi nous, ces vertus
civiques, ce désintéressement, cette abnégation, ce besoin de sacrifice, ce respect de la liberté d'autrui, cet
amour de l'égalité, cette union, cette similitude de vues
et d'aspirations, toutes vertus que nous retrouvons,
quoique plus ou moins pures, dans les cités antiques, et
qui seules peuvent constituer, maintenant comme autrefois, l'idéal de l'esprit vraiment républicain? Croyez-moi,
il nous reste encore bien du chemin à faire pour en arri-
ver là. Y parviendrons-nous même jamais? Je sais que,
sous l'influence des tièdes ondées et des brises printaniè-
res, la fleur s'entr'ouvre naturellement, s'épanouit d'elle-
même, et qu'ainsi, grâce aux lumières d'une instruction
plus généralement et plus largement répandue; comme
aux bienfaits d'une morale évangélique mieux comprise
et surtout mieux pratiquée, viendra peut-être cet âge
d'or de nos jeunes rêves, cette heure à jamais bénie, plus
désirée qu'espérée, où nos enfants pourront saluer l'aurore
de la République universelle; mais, ne l'oubliez pas, si

cette heure doit jamais sonner, ce ne seront ni les déclamations, ni les secousses, ni les violences qui l'auront hâtée.

Comme il serait, en attendant, plus prudent, plus sage, plus patriotique de s'entendre et de s'unir, plutôt que de se diviser et de se combattre; de travailler, non au renversement, à la destruction, mais à l'amélioration, au perfectionnement des institutions que le pays a non-seulement acceptées, mais désirées, acclamées, parce qu'il sentait que, bien comprises et bien dirigées, elles feraient sa force et sa grandeur! Quoi! on parle de souveraineté du peuple, on fait retentir bien fort ce grand mot, et on en méprise, on en foule aux pieds les arrêts! On invoque la liberté, et chaque jour on cherche à porter atteinte au libre exercice des droits de chacun! On vante, on prêche l'égalité, belle chimère qui n'abuse personne, et tous nous nous demandons ce qu'elle deviendrait sous le règne des orateurs de la Redoute, du Vieux-Chêne ou de nos tribuns de carrefours.

Non, je le répète, ce n'est point ainsi qu'on travaille à la prospérité d'un peuple et aux progrès de la civilisation; de tels procédés seraient bons tout au plus à favoriser, en les justifiant, certaines tendances au despotisme dont on se plaint bien haut, et à compromettre les grandes conquêtes, civiles et morales, de notre immortelle Révolution. Car, nul ne doit l'ignorer, il n'y a qu'un moyen d'obtenir des libertés nouvelles, si nous en avons besoin, c'est d'user modérément, honnêtement, de celles que nous avons déjà.

Quoi qu'on pense et quoi qu'on fasse, il est un fait indéniable, qui parle plus haut que toutes les criailleries des partis, qui est plus fort que toutes les intrigues de l'ambition : c'est que le nom des Napoléon, ce nom sorti des entrailles du peuple, si je puis ainsi dire, est, de tous ceux qui ont régné sur la France depuis le commencement de ce siècle, le plus populaire et le plus éminemment français. Six fois en moins de cinquante ans, ce nom, qu'entoure je ne sais quel prestige de grandeur et de gloire, a reçu la consécration du suffrage national, et, comme titres de sa légitimité, la dynastie napoléonienne n'a pas moins de trente millions de suffrages à opposer à ses concurrents. « Les chiffres tuent, » a-t-on dit, et ceux-là ont leur éloquence ; je les livre aux méditations des ennemis de l'Empire.

Est-ce à dire cependant que tout soit pour le mieux, et que nous n'ayons rien à désirer ? A Dieu ne plaise que je tombe dans un optimisme aussi aveugle, aussi insensé ! Les abus abondent ; nos lois sont loin d'être parfaites, et plus d'une laisse à désirer, soit dans son principe, soit dans ses applications ; l'égalité devant la loi n'existe guère que sur le papier ; le règne de la faveur est beaucoup trop à l'ordre du jour ; et, sans m'étendre davantage sur ce sujet, par malheur trop fécond, nous sommes loin de jouir de tous les bénéfices que nous promettait la législation de 89. Mais c'est précisément à corriger ces abus, à refaire ou à compléter ces lois, à remettre en vigueur tant de droits méconnus, à renouveler les mœurs, à ranimer l'émulation et la confiance dans toutes les classes de la société, à propager l'instruction, à augmenter la richesse en faisant fleurir le commerce, l'industrie et l'agriculture, à affermir la sécurité à l'intérieur et à rendre au pays son ancienne influence au-dehors, oui, c'est à toutes ces grandes choses que je voudrais voir employer tant de talents, tant de forces actives, gaspillées en efforts infructueux, quand elles ne sont pas indignement sacrifiées à des tentatives coupables.

La Constitution, avec le suffrage universel, nous a donné le moyen d'intervenir activement dans la direction des affaires du pays, dans la confection de ses lois; d'interpeller le pouvoir sur tous ses actes; d'appeler son attention sur toutes les réformes; en un mot, de tout surveiller, de tout contrôler, de tout conseiller, et cela, au moyen de la représentation nationale.

Que nous faut-il de plus? Une seule chose, et qui regarde chacun de nous en particulier : bien choisir nos représentants, et n'envoyer au Corps législatif que des hommes dignes de notre confiance et capables de remplir dans toute son étendue leur mandat. Là est toute la question, parce que là est tout notre avenir.

Quelles seront donc les conditions que les électeurs devront exiger de ces mandataires de leurs droits et de leurs intérêts les plus chers? C'est ce que je vais examiner, avec d'autant plus de liberté que j'ai dit avec plus de franchise toute ma pensée en ce qui concerne le gouvernement.

II

LE CORPS LÉGISLATIF ET LES CANDIDATURES

« Le Corps législatif discute et vote les projets de loi et l'impôt, » dit l'art. 39 de la Constitution.

L'Empereur s'est chargé de compléter ce texte dans son discours, du 1er décembre 1852, aux grands Corps de l'État :

« Plus le pouvoir gagne en étendue et en force vitale, »
y est-il dit, « plus il a besoin d'hommes *indépendants* et
éclairés, pour m'aider de leurs conseils, pour ramener
mon autorité dans de justes limites, si elle pouvait s'en
écarter jamais. »

Nobles et sages paroles, qui ne pouvaient émaner
d'une source plus accréditée, et qui vont me servir à dé-
terminer d'une façon précise les conditions que doit remplir tout candidat au Corps législatif, et que devront
examiner scrupuleusement les électeurs dans les choix
qu'ils auront à faire.

A cette indépendance des candidats, demandée par
l'Empereur lui-même, ajoutons l'indépendance des électeurs, si bien établie par les lignes suivantes, qui termi-
nent le discours impérial du 4 novembre de la même
année :

« Comme je représente la cause du Peuple et la volonté nationale, ce sera la nation qui, en m'élevant au
trône, se couronnera elle-même. »

Ainsi, le suffrage universel, institué sur la plus large
échelle, des candidats indépendants, des électeurs indépendants, et, partant, la plus grande liberté dans les
votes, voilà l'intention clairement exprimée, la volonté
ou plutôt le désir formellement arrêté du Chef de l'État;
et, à quelque parti qu'on appartienne, on est obligé de le
reconnaître, rien n'est plus louable que cette intention,
plus loyal, plus honnête et plus libéral que ce désir.

En outre, pour en faciliter, pour en assurer l'exécution
pleine et entière, les votes sont secrets; nul ne sait ni ne
doit savoir quel est le nom inscrit sur le bulletin de son
voisin, et chacun ne doit obéir, dans son choix, ni à la
crainte ni à l'espoir, mais uniquement à sa raison et à sa
conscience.

Or, pour que cette raison soit suffisamment éclairée, cette conscience entièrement édifiée, chaque électeur doit se poser les questions suivantes : « Quel est ce candidat? Quelle indépendance pouvons-nous en attendre? Quelles sont ses capacités? Quel sera son patriotisme? »

Quant à la première question, si le candidat est du pays, ce qui doit être autant que possible, il est facile de se renseigner, et sur sa personne, et sur sa position, et sur ses travaux, et sur sa valeur intellectuelle et morale.

Un point devra surtout fixer l'attention des électeurs : Cet homme qui veut représenter nos intérêts, a-t-il fait preuve d'intelligence, d'ordre, d'activité, et avant de faire nos affaires, a-t-il su faire les siennes?

Il n'est pas rare, en effet, de voir des gens qui ont dilapidé plutôt qu'accru l'héritage paternel, qui sont incapables, soit par ignorance, soit par insouciance et apathie, de s'occuper de leurs biens propres, et qui voudraient se charger des intérêts des autres. Franchement, je me demande quelles garanties, quelle sécurité peuvent offrir de pareils candidats, quelle que soit, du reste, la fortune qu'ils ont reçue de leurs ancêtres, puisque par eux-mêmes ils n'auraient jamais pu en acquérir la moindre parcelle, n'ayant mené qu'une vie parfaitement inutile à eux-mêmes comme à leurs semblables.

L'indépendance sera suffisamment constatée par les antécédents politiques du candidat, par le parti auquel il appartient, quelquefois même par sa famille et par son entourage.

« C'est au pied du mur qu'on connaît le maçon, » dit un proverbe vulgaire. Si donc celui qui sollicite les suffrages de ses concitoyens les a déjà représentés à la Chambre, s'il y a pris la parole tantôt pour, tantôt contre les questions à l'ordre du jour, si son vote a confirmé la sincérité de ses assertions, celui-là a donné des preuves de l'élévation et de la liberté de ses vues, et on peut compter sur son indépendance; mais s'il n'a jamais rien dit; si, ne se permettant jamais la moindre réflexion, il a toujours voté aveuglément, servilement, pour les propositions qui étaient faites, que pouvez-vous en espérer pour l'avenir, sinon la même insouciance, la même docilité? « Au pied du mur, vous avez jugé le maçon; » vous vous dites qu'un député pareil est comme s'il n'existait pas, qu'il vaudrait autant laisser au Gouvernement le soin de faire seul vos affaires, que ce serait au moins une économie toute nette; et vous avez mille fois raison!

A côté de ceux qui disent toujours *oui,* il y a ceux qui répondent invariablement *non.* Chez ces derniers, il ne faut pas chercher plus d'indépendance que chez les premiers.

Dans un camp comme dans l'autre, on obéit à un mot d'ordre; on est engagé, lié d'avance avec son parti; on met de côté sa raison, on n'écoute plus la voix de sa conscience; et voilà ce qui est inconciliable avec la dignité de représentant d'un pays. Celui-là seul est fort qui agit avec conviction, et pour agir avec conviction, il faut être libre.

N'est-ce pas, du reste, un spectacle également triste que de voir des gens qui approuvent et d'autres qui blâment toujours, comme si dans les choses humaines tout pouvait être invariablement bon ou invariablement mauvais? Est-ce là, franchement, qu'il faut chercher des convictions sincères, et peut-on donner sa confiance à des hommes fatalement rivés soit à la louange, soit au dénigrement?

D'ailleurs, de part et d'autre, les résultats sont à peu près les mêmes, les moyens seuls diffèrent. C'est par un chemin de fleurs, au milieu d'un nuage d'encens qui aveugle, que les partisans quand même conduiraient le Pouvoir à l'abîme, et ce n'est point ailleurs que l'opposition voudrait l'entraîner ; seulement elle sème plus de pierres et d'épines que de fleurs sur la route, et c'est par secousses violentes, par attaques de toutes sortes qu'elle procède ; moins dangereuse, en définitive, tant qu'elle sera le petit nombre, parce que, comme on sait ce qu'elle veut, il est plus facile de se préserver de ses coups.

N'importe ! si une opposition sage, consciencieuse, amie du progrès, est une chose en soi bonne et salutaire, on ne pourra jamais trop éviter les oppositions systématiques, toujours prêtes, maintenant comme sous tous les régimes, à critiquer, à blâmer tout ce que font les gouvernements actuels, afin de les discréditer, de les affaiblir, et, s'il est possible, de les abattre au profit de nouveautés plus ou moins chimériques. Comment espérer que des hommes liés par tout leur passé, par leurs croyances et même par leur nom, à la légitimité, par exemple, et aux vieilles doctrines du droit divin, veuillent et même puissent défendre, servir la cause de l'Empire, issu de la volonté nationale et de la liberté ? Ah ! n'est-ce pas plutôt pour introduire avec soi tout un cortége d'idées, toute la suite du parti, qu'on cherche à faire brèche à la muraille et à pénétrer dans la place ? Il serait difficile de s'y laisser prendre. Dans tous les cas, de pareilles oppositions, quand elles veulent se mêler à la lutte, sont d'un mauvais effet, et comme autant de causes de discorde, de menaces continuelles. non-seulement dans les assemblées délibérantes, mais dans les contrées mêmes où elles se manifestent, surtout si le nom et la fortune leur donnent un certain prestige. Nous en avons plus d'un exemple. Mais, grâce à Dieu, le progrès des mœurs et la diffusion des lumières tendent chaque jour à faire disparaître davantage ces derniers vestiges de notre vieille féodalité, que ne regrettent ni nos courageux ouvriers ni nos fiers agriculteurs.

Aussi, n'est-ce point là qu'ils vont généralement chercher leurs représentants. Ils comprennent trop bien que leur cause n'intéresse guère ces descendants d'hommes qui ont tenu leurs ancêtres sous un si long servage, et, dans leur amour d'indépendance et de liberté, ils savent qu'ils peuvent espérer un concours autrement dévoué, autrement efficace de la part de ceux qui ont travaillé, lutté, souffert et vécu comme eux.

Mais ce qu'ils doivent surtout désirer, ce sont des représentants *éclairés*, suivant la seconde qualification que leur donnait l'Empereur, c'est-à-dire capables de faire le mieux possible valoir les droits et défendre les intérêts de ceux qui les ont nommés.

Et cependant, chose étrange! les conditions de talent, de savoir, sont encore, il faut bien le dire, celles dont les électeurs s'occupent le moins, surtout dans les campagnes. Là, en effet, pourvu qu'un candidat ait une certaine position, une grande fortune immobilière, un nombreux personnel de domestiques et de fermiers, un nom ou des titres qui sonnent; s'il donne quelque travail aux ouvriers ou distribue des aumônes; s'il a rendu quelques minces services, fait nommer un cantonnier, un garde-champêtre, ce que tout le monde eût pu faire comme lui; s'il s'est vanté d'avoir obtenu la construction d'une école, d'un pont, d'une route ou d'un chemin vicinal, toutes choses dont il suffisait de signaler le besoin pour les obtenir ; si à cela il joint une certaine platitude de caractère ; si, dans son trivial amour de popularité, il va boire avec l'un, fraterniser avec l'autre, salue celui-ci du geste, celui-là d'un nom bassement flatteur : il semble que tout soit dit, et que ce doive être là le modèle du bon député, fût-il incapable, du reste, de dire décemment trois mots en public, ou de rédiger passablement un rapport de quatre pages. Or, c'est là une erreur des plus déplorables.

Je me console volontiers, pour mon compte, de voir nommer un candidat de l'opposition, même la plus avancée, lorsque, à la pratique des affaires de la vie, il joint quelque talent, parce que le talent, c'est une lumière, et que tout ce qui est lumière, même à son insu, même contre son gré, rend hommage à la vérité, la fait briller d'un plus pur éclat, et, par là même, devient une puissance, une force. Mais l'ignorance, mais l'incapacité, c'est la négation de toute chose, c'est le vide, c'est le néant. Réunissez trois hommes qui soient intelligents, ils pourront, dénués de tout secours, par la seule force de l'idée, créer des merveilles ; prenez-en cinq cents qui ne le soient pas, eussent-ils des montagnes d'or, ils ne produiront rien, ou ne feront que des sottises. C'est là l'expérience de chaque jour. Tout ce qui se fait de grand, de beau et d'utile, la solution du plus simple problème comme la dernière des inventions, ont pour source l'intelligence humaine, et, sans elle, rien n'avancerait, rien ne se perfectionnerait, le progrès ne serait plus qu'un mot vide de sens. Eh quoi ! vos représentants ont pour mandat de traiter les questions les plus graves, les plus élevées ; ils doivent s'occuper de vous et de la nation tout entière ; ils sont chargés de faire les lois qui régissent les rapports des citoyens et des peuples entre eux; ils ont pour mission de conseiller le Gouvernement, de diriger avec lui outes les affaires du pays, et vous voulez que le premier venu soit apte à jouer un si grand rôle! vous ne vous demandez pas quelles sont les capacités de celui que vous chargez d'un mandat aussi délicat et aussi difficile! Apporteriez-vous la même indifférence, s'il s'agissait de faire labourer votre champ ou réparer vos meubles? Non; vous voudriez savoir d'abord si l'homme que vous employez sait manier la charrue ou tenir le rabot. Eh bien! faites-en donc autant, faites davantage encore pour le sujet qui nous occupe.

J'ai souvent entendu dire : « Un député n'a besoin d'être ni un orateur, ni un écrivain; ce ne sont ni les grands discours ni les beaux écrits qui font les affaires. » Qui les font, non; mais qui les inspirent et les dirigent, si. Et, d'ailleurs, ne suffit-il pas d'un peu de réflexion pour découvrir l'erreur d'un pareil raisonnement? Qu'est-ce qu'une assemblée législative sinon une assemblée essentiellement délibérante, où se traitent les questions les plus embrouillées, les plus profondes, les plus ardues; où, par conséquent, tous ont besoin de se consulter, de s'éclairer réciproquement; où chacun doit enfin apporter ses avis, ses conseils, le fruit de ses méditations ou de son expérience? Or, dans une pareille assemblée, mettez un homme qui ne sache ni penser, ni parler, ni écrire, et dites-moi si ce ne sera pas comme une cloche qui ne sonne point, un phare sans lumière, un avocat qui serait muet, c'est-à-dire quelque chose d'inutile, de déplacé, de ridicule même, et, partant, d'impossible. Ne vaudrait-il pas autant et mieux dire que d'un sacristain on peut faire un évêque, et d'un garde-champêtre un général?

Voilà cependant ce qui n'arrive que trop souvent, et ce dont on peut, hélas! facilement se convaincre, lorsqu'on assiste aux séances de la Chambre: Là, pendant qu'une trentaine de députés parlent et discutent, qu'une cinquantaine peut-être écoutent et suivent avec intérêt la discussion, que fait le reste? On baille, on dort ou on cause; si la séance est orageuse, on frappe avec son couteau sur son pupitre, on crie : « A l'ordre! à l'ordre! » ou, si l'aiguille approche de l'heure du dîner : « Aux voix ! La clôture! A demain ! » Il y en a même qui vont plus loin : ils se promèneront dans les salles adjacentes, liront un roman dans un coin, ou feront leur correspondance; d'autres enfin se seront installé un petit atelier dans les combles du Palais législatif, et, pendant les séances, ils feront de la peinture ou se livreront à d'autres passe-temps plus ou moins agréables, alors qu'au-dessous d'eux s'agitent et se décident les affaires les plus importantes du pays. Quand le moment est venu, on va les prévenir : ils descendent, déposent leur vote.... toujours dans le même sens bien entendu, c'est-à-dire pour la majorité, et.... et la farce est jouée!

Et voilà ce qu'on appelle représenter son pays! Eh bien! moi, je dis que c'est là se moquer de ses électeurs, trahir ses devoirs, et donner de son pays la plus triste idée possible!...

Aussi, avec de tels hommes, vienne, par malheur, un danger quelconque : ah! il ne serait que trop facile de réduire une Chambre ainsi composée au silence! Qu'on en fasse disparaître l'élite trop peu nombreuse dont je viens de parler, et que restera-t-il, sinon un ramassis de médiocrités, véritable troupeau d'hommes vulgaires, qui, comme un équipage privé de ses chefs, ne saurait plus, au moment de la tourmente, comment manœuvrer ses voiles, diriger le gouvernail, et finirait par laisser fatalement le navire sombrer sur l'écueil ou se précipiter dans l'abîme ?

Que les électeurs veuillent donc y réfléchir, à quelque classe de la société qu'ils appartiennent ; mais que ceux-là surtout qui travaillent et qui souffrent, pour qui la vie est amère et le pain de chaque jour difficile à gagner, que ceux-là y songent : les mandataires qu'ils se choisissent n'ont pas pour mission d'assister à des fêtes et à des représentations de parade ; s'ils les nomment, c'est pour qu'ils soutiennent le droit des faibles, améliorent la position des déshérités, protégent les intérêts des classes souffrantes, laborieuses, et travaillent à faire fleurir icibas, pour tous indifféremment, le règne de la justice et de l'égalité devant la loi. Or, pour obtenir ces résultats, il faut combattre, combattre sans cesse et vaillamment ; mais, pour livrer ce combat, les chassepots et les canons sont impuissants ; l'éclat et l'antiquité du nom, l'argent lui-même n'y peuvent rien ; il n'y a que deux armes, mais deux armes qui ont toujours été invincibles : la parole et la plume !

Il en est une troisième cependant, et sans laquelle les deux premières pourraient devenir un danger : c'est l'honnêteté.

Il n'est point honnête, comme on peut le voir d'après ce que j'ai dit, celui qui sacrifie les intérêts de son pays à ceux d'un parti quelconque, fût-ce aux intérêts du Pouvoir lui-même ; il n'est pas honnête, non plus, celui qui, se chargeant d'un fardeau trop lourd pour ses épaules, accepte un mandat qu'il ne saurait remplir ; mais il est malhonnête par-dessus tout celui qui fait trafic de suffrages, achète les consciences, et c'est là un troisième genre de candidatures qu'il me reste à signaler à la réprobation publique.

Qui de nous n'a entendu, à chaque élection, des hommes, j'ose à peine dire des citoyens, et encore moins des Français, sottement vaniteux d'une fortune qu'ils n'avaient même pas eu le mérite de gagner, dire avec un aplomb qui n'a d'égal que leur impudence : « Je dépenserai cent mille, deux cent mille francs s'il le faut, mais je veux être député. » A quoi ces paroles équivalent-elles, sinon à celles-ci : « Moi qui pose pour les vieux principes, moi qui ai des ancêtres, un grand nom, de la célébrité, moi qui veux qu'on respecte mes propriétés et ma personne, je ne respecte ni l'honneur ni la probité de mes semblables, et je les méprise assez pour mettre à prix d'argent ce qu'ils ont de plus sacré, leur conscience ; en un mot, moi qui me place au-dessus des petites gens et des vilains, je suis cent mille, deux cent mille fois malhonnête, et je m'en vante, je m'en fais gloire ! Agioteur d'un nouveau genre, j'ai fait graver ces mots sur l'enseigne de ma boutique : *« Ici, l'on vend sa foi, on trahit son pays, le tout au meilleur marché possible ! »*

» Venez donc, accourez à moi, vous qui voulez bien me livrer votre marchandise ; car, bien que je prenne des airs dévots, que j'affecte d'être un ardent protecteur de la religion, je n'en suis pas moins, en dépit de la loi qui défend ces méprisables manœuvres, le grand corrupteur de ma contrée. Ecoutez les émissaires que j'ai grassement rétribués pour parcourir les campagnes, chanter mes louanges, calomnier mes concurrents, tromper votre confiance et fausser votre jugement ; puis, le jour des élections, vous aurez table ouverte à mes dépens, vous boirez

à mes frais, et quand vous serez gorgés de vin, mais dé-
pourvus de raison, vous irez voter pour moi... Le lendemain, je ne vous connaîtrai plus, mes valets eux-mêmes
vous mépriseront, mais j'aurai ce que je voulais, je serai
député ! »

— « Oui, Monsieur, pourrais-je répondre aux trois
quarts de ces marchands d'âmes, vous seriez député, si le
peuple était assez fou pour vous entendre; mais vous n'en
auriez pas moins commis une mauvaise, une honteuse
action, et l'argent que vous auriez dépensé, pas plus que
les voix que vous auriez achetées, n'ajouterait à votre
mérite; il ne vous suffirait pas de franchir le seuil du
Palais-Bourbon pour devenir un génie, et ce chapeau de
député, que vous avez tant convoité, quelle qu'en soit la
forme, ne serait jamais assez ample pour faire disparaître
la longueur de vos oreilles !... »

Que les électeurs se tiennent donc sur leurs gardes, et
qu'ils demeurent dignes et fiers, libres et indépendants
dans leurs votes; au lieu d'écouter des agents, des orateurs de commande, dont il faut d'autant plus se mé-
fier qu'ils sont plus chèrement payés, qu'ils fassent
venir les candidats au milieu d'eux, qu'ils les interrogent,
qu'ils les écoutent, qu'ils jugent par eux-mêmes ce qu'il
y a dans la tête et dans le cœur de chacun; et qu'ils
n'oublient pas surtout que ceux-là seuls luttent loyale-
ment, honnêtement, qui ne s'appuient ni sur l'argent, ni
sur les promesses, ni sur les menaces, ni sur aucune
sorte de corruption, mais bien uniquement sur leur
patriotisme, cette première de toutes les honnêtetés pour
un bon citoyen.

Le patriotisme ! oui, voilà le grand mot, le seul vrai, le
seul digne de nos respects, de nos prédilections, le seul

qui, avec le talent et l'indépendance des candidats, doive peser dans la balance.

Que nous importe, à nous, Français, la rivalité des partis, les calculs de l'ambition ou les regrets du passé? Ce qu'il nous faut, c'est la paix, l'ordre et la liberté; c'est le respect de nos personnes, de nos croyances religieuses, de nos biens, l'économie de nos finances, l'instruction de nos enfants, l'égalité des droits, tout ce qui est utile à nos concitoyens, tout ce qui peut contribuer à la prospérité et à la grandeur du pays.

« Reprenons la France! » disait, il y a quelque temps, M. J. Favre. Non, car la France n'appartient et ne peut appartenir à personne, de quelque nom qu'on se nomme, et quelque drapeau qu'on arbore. La France ne doit relever que de la France. Qu'elle n'abdique donc en faveur d'aucune coterie, ni même en faveur du Pouvoir; mais qu'elle reste entièrement maîtresse d'elle-même et de ses destinées!

Quant à nous, ses enfants, nous qui, jeunes encore, pouvons compter sur un lendemain, rangeons-nous fièrement sous son glorieux drapeau; que sous nos efforts tombent et les abus, et les priviléges, et les préjugés; combattons l'injustice sous toutes ses formes; répandons la lumière dans toutes les classes; opposons-nous à toute espèce de réaction étroite et peureuse, qui voudrait restreindre nos droits, arrêter l'épanouissement de nos libertés; favorisons le progrès dans toutes ses manifestations, dans les idées, dans les arts, dans l'industrie, le commerce et l'agriculture; et, guidés par l'éternelle raison, d'accord avec l'Évangile, habituons-nous à ne mesurer les hommes qu'à leur taille, à ne les estimer qu'à leur propre valeur, à ne les juger que d'après leurs actes.

Soyons des hommes de foi sincère, de travail et de per-
sévérance; ne désespérons jamais; ayons confiance en
l'avenir qui nous est réservé, puisqu'il dépend de nous,
et que ce cri patriotique soit notre mot de ralliement :

« Arrière aux partis qui ne sèment que la discorde et
ne recueillent que le désordre et l'anarchie ! Honte aux
coteries perfides qui divisent et qui tuent; et place à
la France, honneur à la patrie ! »

III

En écrivant ces lignes, j'avais en vue tous les électeurs
français, qui pourront y trouver quelques applications
particulières, déterminées, des idées générales et des
portraits de pure fantaisie que j'y ai tracés d'après ma
propre expérience autant que d'après les notes qui m'ont
été données; mais, en les livrant au public, je les offre
plus spécialement aux habitants de l'arrondissement de
Bressuire, au milieu desquels je suis né.

Ce n'est point encore ce que j'appellerai plus particulièrement ma profession de foi, mais bien une simple
entrée en matière, un moyen de me mettre en communion
d'idées avec ceux des électeurs dont je n'aurais pas encore l'honneur d'être connu.

Dans quelque temps, j'irai me présenter moi-même à
eux; qu'ils veuillent bien venir m'entendre, et qu'ils me
jugent d'après leur conscience. Habitué, lorsqu'il s'agit
du bien public, à être sévère dans mes jugements, je ne
réclame aucune indulgence pour ma faible personnalité.
Si, poussé par un désir trop ardent de servir la cause de

tous, j'avais présumé de mes forces, je ne m'en prendrais qu'à moi, qu'à ma témérité, et n'accuserais personne.

Né d'une famille bien humble, mais d'une honorabilité parfaite, au milieu de ces intrépides paysans, de ces infatigables ouvriers qui font l'honneur de nos campagnes et sont pour nos villes une source de bien-être et de fortune, j'ai hérité de leur courage et de leur fierté. N'ayant jamais rien demandé, et n'attendant rien de personne, je ne dois le peu que je suis qu'à mon travail, qu'à mon amour de l'ordre et qu'à mon énergie. Pendant dix ans, j'ai appartenu à cette modeste classe de fonctionnaires sur le dos desquels pivote tout l'édifice social et auxquels on donne à peine le pain qui les fait vivre; et j'ai vu de grandes nullités, de magnifiques inutilités, habiter des palais et engloutir des appointements qui feraient le bonheur de cent familles! Voué à l'étude et à l'enseignement des belles-lettres, de l'histoire et de la philosophie, j'ai vécu dans les rangs les plus élevés de la société, et j'ai appris à tout y connaître. Mais me rappelant toujours mon origine, revenant, chaque année, avec un nouveau bonheur, au milieu de cette famille dont les membres, dispersés çà et là, me sont tous si chers, je n'ai jamais oublié le spectacle instructif dont mon enfance a été témoin : les efforts du Peuple, ses labeurs incessants, ses mérites, et en même temps ses déceptions, ses douleurs, ses misères même, résultant presque toujours de son infériorité intellectuelle; et je me suis promis, dès que je le pourrais, de venir en aide à ces frères moins heureux, moins privilégiés peut-être, et je crois que l'heure est venue.

Avant 89 et sous la légitimité, la noblesse était tout, et on sait ce que valait, ce que pouvait le pauvre Peuple;

sous les d'Orléans, la bourgeoisie c'est-à-dire les parvenus du peuple, eurent leur tour, et c'était un progrès, bien qu'il fallût encore payer 200 fr. d'impôts pour être électeur. Aujourd'hui, la vérité et la justice font leur chemin ; c'est à celui qui sème de récolter, à celui qui travaille et qui supporte le poids du jour, de jouir des fruits de son labeur, et non de s'en voir frustré, dépouillé par ceux-là qui, non-seulement ne font rien, mais encore semblaient avoir autrefois la triste mission de l'opprimer. Le suffrage universel a fait rentrer chacun dans ses droits. La loi, équitable comme Dieu lui-même, ne distingue plus ni grands ni petits, ni riches ni pauvres, ni maîtres ni serviteurs ; elle reconnaît que tout ce qui est honnête, tout ce qui produit et tout ce qui mérite bien de la nation, doit prendre part à l'administration de la chose publique et du Gouvernement lui-même. Dès lors le vote du dernier, du plus humble des travailleurs, vaut le vote du plus riche, du plus oisif, du plus grand seigneur ; et l'un comme l'autre, quand ils déposent leur bulletin dans l'urne, font acte de souverain, car ils interviennent d'une façon également directe dans la marche des affaires et dans la souveraineté nationale.

Aussi, un grand personnage, un vice-président du Corps législatif, pouvait-il naguère, dans un comice agricole, s'exprimer en ces termes :

« Les principes de 1789 sont aujourd'hui la base du droit public en Europe. Tout s'est retrempé à leur source. Autrefois, à de rares exceptions, l'homme tirait tout son lustre de son origine et du nom qu'il portait. Aujourd'hui, l'homme ne vaut que par ses œuvres.

» Bientôt vous serez appelés à élire un député. A ceux qui viendront solliciter vos suffrages, demandez quels ils sont et ce qu'ils ont fait. Vous êtes trop éclairés pour que les anciens prestiges aient prise sur vous.

» Vous voterez d'après votre conscience. Enfants de la France nouvelle, vous ne pouvez oublier que l'égalité est de droit commun.

» Vous laisserez de côté tout ce qu'il y a de défectueux et de factice dans les préjugés d'un autre âge. Demandez aux hommes qui viendront à vous ce qu'ils ont fait et ce qu'ils font, les services qu'ils pourront rendre au pays. L'homme vaut de soi; il tire la considération publique et sa force de son intelligence et de ses labeurs. Naissance, fortune, rien de tout cela ne fait l'homme. Le fils du paysan, le fils de l'ouvrier le plus obscur peut, à l'époque où nous sommes, marcher de pair avec le fils du prince, et même prendre le pas sur lui, si son mérite est supérieur. Je le répète, le talent, l'intelligence, les travaux, les services qu'on peut rendre et qu'on a rendus, voilà les titres dont il faut se parer; ils sont la seule vraie gloire. »

Il suffit de citer de telles paroles pour en faire l'éloge et pour montrer comment, de tous les points de la société, le vent souffle aux idées libérales.

Réveillez-vous donc, ô mes amis! secouez cette négligence, cette apathie qui vous a toujours retenus en arrière, et qui, alors que tout marche et progresse autour de vous, vous emprisonne encore dans les langes de l'enfance et dans les ténèbres du passé!

Je vous apporte tout ce que j'ai d'intelligence, d'âme, de cœur, et je ne veux rien devoir qu'à vous. Aidez-moi un peu, poussez un des vôtres; et je vous tendrai les deux mains, je tâcherai de vous entraîner à ma suite; de sorte qu'en m'élevant, c'est vous-mêmes que vous aurez élevés.

N'est-ce pas à vous, je le répète, que la société doit son bien-être et le pays sa prospérité ? N'est-ce pas vous que je retrouve dans nos champs, fécondant le sillon qui nous fait vivre ; dans nos carrières, dans nos usines, dans nos manufactures, dans nos ateliers, dans nos maisons de commerce, dans toutes les administrations où 'il y a beaucoup à faire et peu à gagner ; sur les champs de bataille, lorsqu'il s'agit de défendre les droits ou l'honneur du pays, et jusque dans nos églises et dans la chaire de vérité ? N'est-ce pas vous, nobles et vaillants enfants du Peuple, que je retrouve partout où il faut du courage, du dévouement, du sacrifice et de la vertu ? Eh bien ! si partout vous êtes *à la peine*, soyez aussi *à l'honneur*, suivant une expression célèbre. Oui, relevez-vous ; donnez cet exemple salutaire à vos enfants : que chacun jouit du fruit de ses œuvres, et qu'il n'est plus, le temps où ceux qui ne font rien, *s'élèvent aux dépens de ceux qui travaillent,* et jouissent du monopole, non seulement de toutes les dignités, mais encore de toutes les initiatives et de toutes les directions !...

Voyez comment autour de vous tout change, tout se perfectionne, dans les faits comme dans les idées ; et surtout, ne l'oubliez pas : à ce nouvel état de choses, il faut des hommes nouveaux, et, à ces hommes, vous devrez demander que, libres et indépendants, uniquement dévoués à la cause du peuple et aux intérêts du pays, ils n'aient aucun engagement pris d'avance, si ce n'est celui de marcher hardiment dans la voie d'un progrès sage et modéré, sans lequel tout gouvernement serait désormais impossible.

Dans tous les cas, pensez-y dès maintenant. Vous êtes tous égaux devant la loi, libres dans vos votes ; vous seuls devez décider de votre choix et nul, quel qu'il soit, n'a d'ordres à vous donner. Sachez donc, une bonne fois, ce que vous valez, ce que vous pouvez; et, connaissant mieux vos droits, il vous sera plus facile d'agir dans vos intérêts, tout en accomplissant mieux vos devoirs.

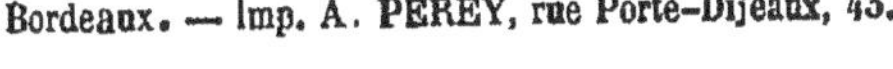

Bordeaux. — Imp. A. PÉREY, rue Porte-Dijeaux, 43.